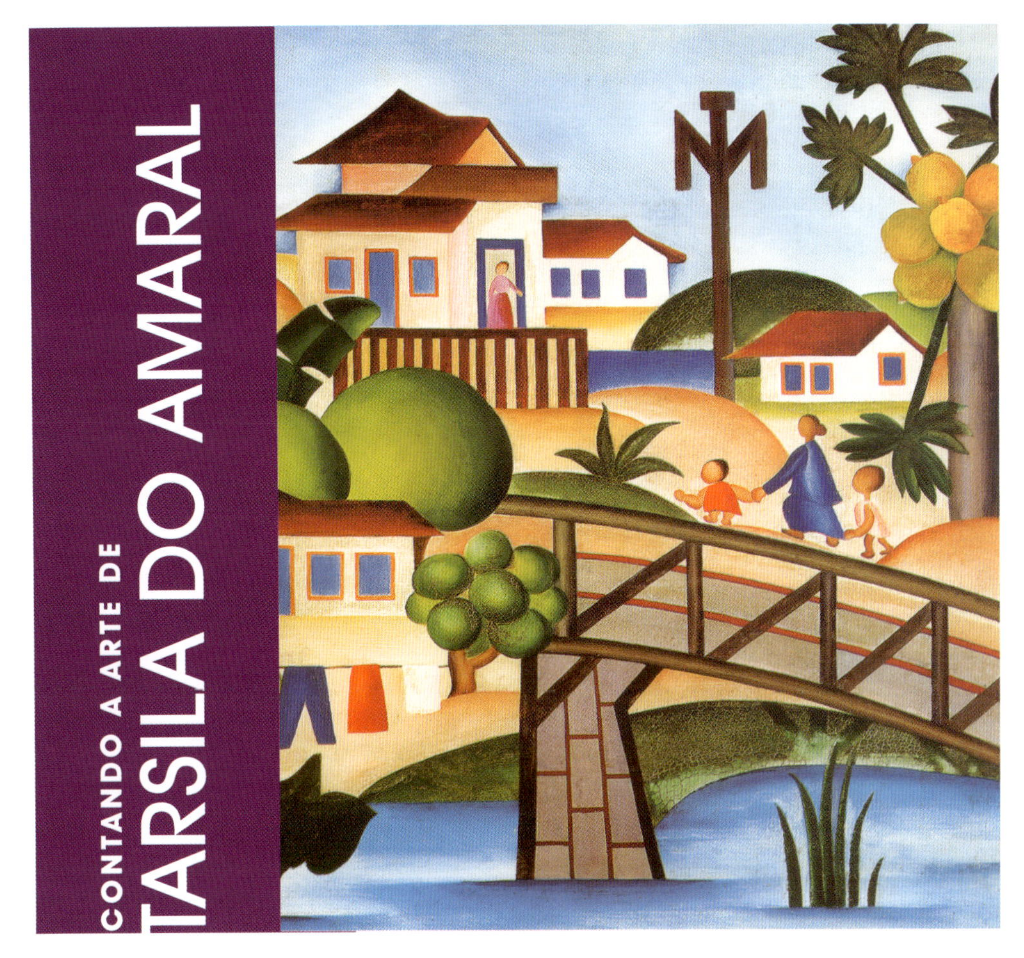
CONTANDO A ARTE DE
TARSILA DO AMARAL

50
global

CB035049

1ª edição, Noovha America, 2005
2ª edição, Global Editora, São Paulo 2018
1ª Reimpressão, 2022

Jefferson L. Alves – diretor editorial
Gustavo Henrique Tuna – editor assistente
Flávio Samuel – gerente de produção
Flavia Baggio – coordenação editorial
Alice Camargo e Deborah Stafussi – revisão
Eduardo Okuno – projeto gráfico
Fotos do acervo da artista

CIP-BRASIL. CATALOGAÇÃO NA PUBLICAÇÃO
SINDICATO NACIONAL DOS EDITORES DE LIVROS, RJ

B796c
2.ed.
Braga-Torres, Angela
Contando a arte de Tarsila do Amaral / Angela Braga-Torres. –
2. ed. – São Paulo : Global, 2018.
56 p. : il. (Contando a arte)

ISBN 978-85-260-2194-5

1. Amaral, Tarsila do, 1886–1973. 2. Pintores – Brasil – Biografia.
I. Título. II. Série.

18-50199 CDD: 927
CDU: 929:7.036

Meri Gleice Rodrigues de Souza – Bibliotecária CRB-7/6439

Obra atualizada conforme o
NOVO ACORDO ORTOGRÁFICO DA LÍNGUA PORTUGUESA

Global Editora e Distribuidora Ltda.
Rua Pirapitingui, 111 — Liberdade
CEP 01508-020 — São Paulo — SP
Tel.: (11) 3277-7999
e-mail: global@globaleditora.com.br

globaleditora.com.br

@globaleditora

/globaleditora
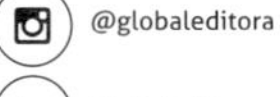
@globaleditora

/globaleditora

/globaleditora

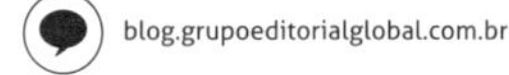
blog.grupoeditorialglobal.com.br

Nº de Catálogo: **3576**

TARSILA DO AMARAL

foto: **RETRATO DE TARSILA**, em meados dos anos 1920. Coleção particular, São Paulo.

Brasil/Tarsila

Tarsila
nome Brasil, musa radiante
que não queima, dália sobrevivente
no jardim desfolhado, mas constante
em serena presença nacional
fixada com doçura,
Tarsila

Carlos Drummond de Andrade,
As impurezas do branco

Você já deve ter ouvido falar no *Abaporu*, na *Negra*, na *Cuca*, na *Caipirinha*... São obras repletas de brasilidade, magia, força e encanto de um país adormecido, despertado sob o olhar da artista Tarsila do Amaral, que apreciou um Brasil nunca antes observado. Tarsila deu vida às pessoas, às paisagens, aos animais, às plantas... E hoje, crianças, jovens e adultos enchem os olhos ao ver suas telas em tons rosa, azuis, verdes, amarelos...

AUTORRETRATO, 1922,
pastel sobre papel,
39 x 29 cm.
Pinacoteca do Estado de São Paulo.

Tarsila do Amaral nasceu em 1886, na Fazenda São Bernardo, em Capivari, interior do estado de São Paulo. Era neta de José Estanislau do Amaral, conhecido como o "milionário" senhor de muitas terras, fazendas produtoras de cana-de-açúcar e café, além de criador de gado. Era um homem empreendedor, que, na época, construiu hotéis e teatros.

O pai de Tarsila, José Estanislau do Amaral Filho, herdou parte das fazendas do pai. Juiz de direito, ele era casado com Lydia Dias do Amaral. Amante da música, tocava, ao piano, melodias de Mozart e Bach, além de polcas que ela mesma compunha. Nessas fazendas, Tarsila iria crescer e brincar muito com os irmãos.

Dona Lydia e José Estanislau do Amaral Filho, na Fazenda Santa Teresa do Alto, tendo ao lado seu filho, José Estanislau, e os sobrinhos de Tarsila, filhos de seu irmão Oswaldo.

MANACÁ, 1927,
óleo sobre tela, 76 x 63 cm.
Coleção particular.

Tarsila e seus seis irmãos se divertiam entre as fazendas e o palacete dos avós em São Paulo, onde adoravam comer framboesas colhidas no jardim. Pelas tradições da época, Tarsila aprendeu a bordar e a tocar piano. Havia uma governanta responsável pela educação das crianças, era *mademoiselle* Marie Van Varenberg. Ela quem alfabetizou Tarsila e seus irmãos em dois idiomas: português e francês.

A cultura francesa era dominante na família. A mãe, dona Lydia, tocava composições de François Couperin, músico da corte do século XVIII. A água, o vinho, as sopas em pacotinhos, os produtos de higiene, perfumaria e as vestimentas eram todos trazidos da França. Na biblioteca da fazenda, Tarsila pôde conhecer o pensamento de filósofos como Voltaire e poetas como Victor Hugo. Antes de as crianças dormirem, a mãe tocava a *Marselhesa*, hino nacional francês, e elas iam marchando para o quarto.

Tarsila (à esquerda) com seus irmãos Oswaldo e Cecília, em retrato realizado por Henschel e Cia., São Paulo, em 1892.

Place Clichy, em Paris, no início do século XX.

Tarsila, quando não estava pintando, brincava: subia em pedras, corria entre cactos, pomares e cafezais, fazia bonecas com capim, tinha mais de quarenta gatinhos, e dentro dos troles percorria as fazendas da redondeza visitando as primas de que tanto gostava.

Aos doze anos, foi para São Paulo estudar no Colégio Sion. Passados quatro anos, os pais levaram Tarsila e sua irmã Cecília para estudar no Colégio Sacré-Coeur de Barcelona, na Espanha. Elas não sabiam falar espanhol, mas logo aprenderam a língua, e Tarsila destacou-se ao vencer um concurso de ortografia. Lá pintou sua primeira obra, *Sagrado Coração de Jesus*.

Após dois anos, dona Lydia foi à Europa buscar as filhas. Elas aproveitaram e visitaram Paris, cidade que, naquele momento, não encantou a menina. O que a deixou mesmo feliz foi voltar para São Paulo e se dedicar à música, pois o piano era uma de suas grandes paixões.

Retrato de Tarsila, década de 1910.

Detalhe de A LUA, 1928.

SAGRADO CORAÇÃO DE JESUS, 1904, óleo sobre tela, 102,3 x 76 cm. Coleção particular.

Na época, os jovens não namoravam, e tinham de se casar com quem os pais determinassem. Foi isso que aconteceu com Tarsila, que, aos vinte anos, casou-se com André Teixeira Pinto, primo de sua mãe. O casal passou a morar na Fazenda São Bernardo, onde nasceu a sua única filha, Dulce. A falta de afinidades entre o casal fez com que Tarsila, numa atitude bastante ousada para a época, se separasse do marido.

Dulce, a filha de Tarsila.

Aos 27 anos, Tarsila ora estudava piano, ora escrevia poesia, ora se dedicava à pintura. Mas foi nas cópias de santinhos que fazia que começou a misturar cores e a experimentar novas técnicas. Mantinha os traços acadêmicos, estilo de pintura que naquele momento estava em vigor no país, como na obra ao lado.

A SAMARITANA, 1911, óleo sobre tela, 75 x 50 cm. Acervo Artístico-Cultural dos Palácios do Governo do Estado de São Paulo.

Em 1916, Tarsila e seus pais foram ao Rio de Janeiro participar das comemorações do Centenário da Missão Artística Francesa, que fora composta por um grupo de artistas franceses que veio ao Brasil, no início do século XIX, a convite de Dom João, para ensinar a pintura neoclássica aos brasileiros. Tarsila, de espírito inovador, saiu à procura das poesias de Gilka Machado, poetisa brasileira.

Ser mulher

Ser mulher, calcular todo o infinito curto
Para a larga expansão do desejado surto,
No Ascenso espiritual aos perfeitos ideais...

Gilka Machado,
Cristais partidos, *1915.*

Detalhe de **CARNAVAL EM MADUREIRA**, 1924.

Nesse mesmo ano, em São Paulo, Tarsila frequentou as aulas de escultura no ateliê do artista sueco William Zadig, modelando peças diretamente no barro. Com o escultor Mantovani, aprimorou a técnica e aprendeu a modelar o gesso por meio do desenho.

SOLDADO ROMANO, 1916, escultura em gesso. Cópia realizada em seu período inicial de estudos artísticos.

Tarsila passou, então, a residir em São Paulo, cidade que estava se modernizando com a indústria e com os imigrantes, principalmente italianos e espanhóis. Logo foi estudar desenho e pintura com Pedro Alexandrino, um mestre da natureza-morta e grande conhecedor da pintura clássica.

NATUREZA-MORTA, 1923, óleo sobre tela,
45 x 54 cm. Coleção particular.

Pedro Alexandrino
FLORES E DOCES, sem data, óleo sobre tela,
87 x 115 cm. Acervo da Pinacoteca do Estado de São Paulo.

Já com o artista Alexandrino, Tarsila desenvolveu o domínio da linha e criou o hábito de carregar sempre um caderninho, em que anotava e desenhava o que lhe chamasse atenção. Seu traçado começou a ganhar características próprias.

Anotações durante viagem para o Rio de Janeiro.

Em 1917, Tarsila visitou a exposição da pintora Anita Malfatti, que, influenciada pelo Expressionismo, pintou um homem amarelo, uma mulher de cabelos verdes e outras coisas mais, chocando a sociedade da época, inclusive Tarsila. Porém, as duas pintoras frequentavam o mesmo ateliê e acabaram se tornando amigas. Pedro Alexandrino orientou Tarsila para que ela tivesse o próprio ateliê, que foi montado na rua Vitória, onde as duas artistas passaram a ter aulas juntas.

Em Paris, o maestro Souza Lima, amigo da família, ficou admirado com a estrutura da Académie Julian de Arte. Escreveu para Tarsila, incentivando-a a ir para a Europa: "Aqui há ARTE de verdade". Entusiasmada, antes de partir estudou Impressionismo com George Elpons, que lhe deu valiosos ensinamentos sobre luminosidade e aplicação das cores puras diretamente sobre a tela.

idolos eram de barro e
não "divinos"! –
Ah! que bem que isto
fez a S. Paulo e que
furia infernal não levan-
tou aqui.
– Agora só uma esplen-
dida companhia allemã
que cobra quanto o Lyrico
mas dizem ser muito
bôa. Conte-me dos conheci-
dos d'ali, si esteve com
Helena, Souza Lima etc.
Ponha-me ao par um pouco
do movimento artistico.
Tua, que muito te
quer,
Annita

Última página da carta de Anita Malfatti a Tarsila, datada de 14 de setembro de 1921. Arquivo de Marta Rossetti Batista.

Paris, 9-1-20
A noticia ... causou-me a maior
alegria que tenho tido ulti-
mamente. Não hesite nesse
assumpto! Aqui ha ARTE
de verdade.
Envio saudades
D. Tarsila do Amaral
rua Victoria 133
São Paulo
Brésil

Cartão-postal de Souza Lima a Tarsila, de 9 de janeiro de 1920.

Em 1920, Tarsila vai para a Europa com a filha, Dulce. Deixou-a no Colégio Sacré-Coeur, de Londres, e passou a residir em Paris. Pelas manhãs, Tarsila estudava na Académie Julian e, à tarde, visitava salões, descobrindo o Cubismo, o Impressionismo, o Futurismo e o Dadaísmo – as vanguardas europeias.

Vanguarda europeia

Em Paris, desde o início do século XX, surgiram tendências artísticas que fizeram da cidade o centro cultural da época. Antes da Primeira Guerra Mundial já existiam as vanguardas, pensando no futuro; e a arte moderna era a favor da liberdade de ação. Artistas como Van Gogh, Tolouse-Lautrec, Monet, entre outros, contribuíram para a renovação cultural, mas o maior vanguardista foi Picasso, que deu início ao Cubismo com a obra *Les demoiselles d'Avignon*, na qual o artista mostra a multiplicidade do mundo ao redor.

"O Cubismo é a arte de pintar composições novas com elementos tomados de empréstimo não à realidade da visão, mas à realidade da consciência."

Guillaume Apollinaire, Os pintores cubistas, *1913.*

Da Europa, Tarsila escreveu cartas para Anita contando sobre os movimentos e as expressões com os quais tinha contato. Enquanto isso, no Brasil, o principal artista era Almeida Júnior, que ganhava destaque pela habilidade técnica e por mostrar, com realismo, a vida do povo do interior paulista.

Almeida Júnior
CAIPIRA PICANDO FUMO, 1893,
óleo sobre tela, 202 x 143 cm.
Pinacoteca do Estado de São Paulo.

ESTUDO (NU), 1923,
óleo sobre tela,
61 x 50 cm.
Coleção particular.

Para compreender o que ocorria no mundo das artes, Tarsila leu *Pintura e escultura futuristas*, de Umberto Boccioni. Com o amigo Souza Lima, ia a concertos, assistia aos balés com cenários e coreografias modernas, e mantinha correspondência com a amiga Anita Malfatti. Eles também sobrevoaram Paris num aeroplano utilizado na Primeira Guerra Mundial. Ao visitar a filha em Londres, Tarsila maravilhava-se com os museus e bibliotecas.

As aulas na Académie Julian eram voltadas ao estudo da anatomia, ou seja, à perfeição no desenho do corpo humano. Como Tarsila desejava aprimorar-se em outras áreas da pintura, frequentou o ateliê de Emile Renard e, sob essa influência, suas obras ganham clima de suavidade e de lirismo, como *Chapéu azul*, pintada num momento em que a artista sentia saudades do Brasil e de sua mãe.

CHAPÉU AZUL, 1922,
óleo sobre tela, 67 x 50 cm.
Coleção particular.

Nas cartas a Tarsila, Anita contava sobre o seu convívio com os amigos Menotti Del Picchia, Mário de Andrade, Oswald de Andrade, Victor Brecheret, entre outros. Eram intelectuais, artistas, escritores que tinham em comum o desejo de renovar a cultura brasileira. Foram eles os pioneiros da Semana de Arte Moderna, que ocorreu em 1922.

Em Paris, a obra *Portrait*, de Tarsila, foi admitida no Salão Oficial dos Artistas Franceses. Foi a estreia da artista em exposições.

Cartão-postal com reprodução da pintura que valeu a Tarsila a admissão no "Salon" de 1922, realizado em Paris.

Semana de Arte Moderna

Marco do Modernismo brasileiro, a Semana de Arte Moderna ocorreu no Teatro Municipal de São Paulo nos dias 13, 15 e 17 de fevereiro de 1922, cada dia correspondendo a um festival: Pintura e Escultura, Literatura e Poesia, e Música, respectivamente. Graça Aranha proferiu a conferência "A emoção estética na arte", na qual elogiou os trabalhos expostos, investiu contra a arte acadêmica e proclamou os artistas participantes da Semana como personagens atuantes na "libertação das artes". Oswald de Andrade leu alguns de seus poemas e Mário de Andrade ministrou a palestra "A escrava que não é Isaura", em que evocava a necessidade do abrasileiramento da língua e da valorização da cultura indígena.

Tarsila retorna ao Brasil quatro meses após a Semana de Arte Moderna. Reviu os parentes e foi apresentada por Anita Malfatti aos amigos modernistas: "Esta é Tarsila, paulista, pintora e vem de Paris". Mário, Oswald e Menotti ficaram encantados pela beleza e alegria que Tarsila irradiava.

Mário enviou-lhe todas as margaridas que conseguiu comprar no Largo do Arouche, enquanto Oswald logo se apaixonou. Tarsila se identificou com todos eles e passou a aderir aos ideais modernistas de constituir uma arte mais moderna e brasileira. A amizade foi tanta que resultou na formação do Grupo dos Cinco.

SÃO PAULO, 1924, óleo sobre tela, 67 x 90 cm.
Acervo da Pinacoteca do Estado de São Paulo.

O ateliê de Tarsila era o ponto de encontro do Grupo. Até um padre escrevia ali seus versos. Outras vezes, encontravam-se na casa de Mário e saíam freneticamente pela cidade no Cadillac de Oswald, declamando poesias a caminho da Serra do Mar. As pinturas dessa época expressam justamente a convivência do Grupo.

O Grupo dos Cinco, 1922.

As obras desse período são caracterizadas pelas rápidas pinceladas, que dão um toque de modernidade ao seu trabalho.

RETRATO DE OSWALD DE ANDRADE, 1922, óleo sobre tela, 61 x 42 cm. Acervo Artístico-Cultural dos Palácios do Governo do Estado de São Paulo.

Durante os cinco meses em que Tarsila permaneceu em São Paulo, Oswald de Andrade não parava de lhe fazer a corte. Este era notável, escrevia peças de teatro e romances, como *Memórias sentimentais de João Miramar*, um livro sem capítulos, dirigia o jornal *O Pirralho* e, em 1917, foi o único a defender Anita Malfatti da agressiva crítica de Monteiro Lobato.

Édem

A cidade de São Paulo na América do Sul não era
um livro que tinha cara de bichos esquisitos
e animais de histórias.
Apenas nas noites dos verões dos serões de
grilos armavam campo aviatório
com os berros de invencível São Bento as baratas
torvas da sala de jantar.

Oswald de Andrade, Memórias sentimentais de João Miramar.

Em setembro, o governo do estado de São Paulo promoveu o I Salão da Sociedade Paulista de Belas Artes, no Palácio das Indústrias, em comemoração ao centenário da Independência do Brasil. Tarsila e Anita participaram e despertaram polêmica, recebendo elogios, respectivamente, pelas telas *A espanhola* e *Chinesa*, da conceituada *Revista do Brasil*. Na exposição eram predominantes as obras do gênero paisagem.

A ESPANHOLA (PAQUITA), 1922, óleo sobre tela, 92 x 75,5 cm. Coleção de Oswaldo Chateaubriand.

O Brasil continuava o processo de modernização. Surgiram o telégrafo, a lâmpada elétrica, o rádio, o aeroplano, o automóvel e a industrialização, o que transformaria a vida de todos os brasileiros. O Grupo dos Cinco questionava os estudos psicológicos de Sigmund Freud, a teoria intuicionista de Henri Bergson e intelectuais europeus que exploravam e valorizavam a subjetividade humana.

Embora Tarsila tivesse morado em Paris e trazido obras de Picasso e Fernand Léger, entre outros, curiosamente, descobriu o valor e a importância do Modernismo aqui no Brasil. Por isso, decidiu retornar à capital francesa para conhecer melhor as vanguardas europeias que seus amigos paulistas tanto admiravam.

Em dezembro de 1922, Tarsila embarcou novamente com a filha e os sobrinhos para Paris, a bordo de luxuoso navio, de onde

A GARE, 1925,
óleo sobre tela, 84,5 x 65 cm.
Coleção particular.

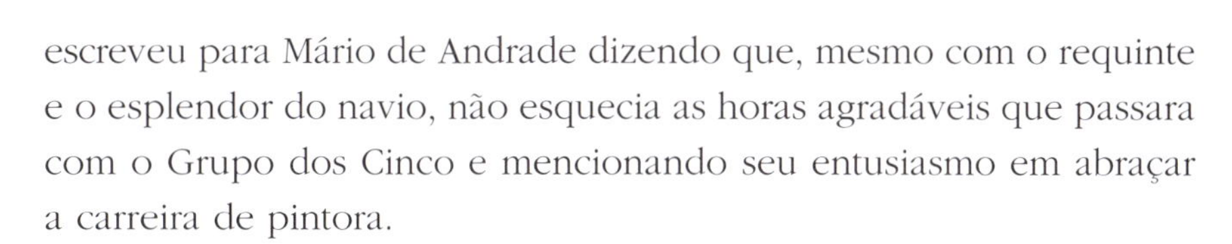

escreveu para Mário de Andrade dizendo que, mesmo com o requinte e o esplendor do navio, não esquecia as horas agradáveis que passara com o Grupo dos Cinco e mencionando seu entusiasmo em abraçar a carreira de pintora.

Tarsila a bordo do navio
Lutetia, Santos, 1922.

"Tu e ela são a esperança da pintura brasileira.
Tu no teu expressionismo, ela no seu cubismo."

Carta de Mário de Andrade a Anita Malfatti.

Enquanto no Brasil a arte acadêmica pintava rosas e naturezas-mortas tradicionais, Tarsila, em Paris, encantada com o Cubismo, inovou a arte brasileira com a fase *Pau-Brasil*, criando obras de atmosfera inexistente, dando a elas um clima de tropicalidade. Pintava cactos, quintais, galinhas, cachorros; e o corpo humano recebe formas simples, porém repletas de expressão.

O MAMOEIRO, 1925, óleo sobre tela, 65 x 70 cm. Coleção Mário de Andrade, Instituto de Estudos Brasileiros da USP.

Tarsila revelou aos nossos olhos o que os nossos corações não viam, fazendo surgir os mestiços e as festas populares, e as cores brasileiras passam a ser azuis, rosa, verdes e amarelos.

O PESCADOR, 1925, óleo sobre tela, 66 x 75 cm. Museu Hermitage de São Petersburgo.

Oswald, aqui no Brasil, não conseguia esquecer Tarsila e, apaixonado, embarcou, no início de 1923, para Paris. Embalados pelo romantismo e pela fortuna que os cercavam, viajaram pela Espanha e por Portugal.

De volta a Paris, a capital do mundo, Tarsila percorria a cidade de metrô. Visitou o ateliê de Picasso e conheceu o crítico de arte Sérgio Milliet. Com Oswald, vivia num ritmo frenético: assistiam a espetáculos, dançavam *charleston*, o ritmo da época, observavam gravuras japonesas e ouviam música africana, a qual influenciava novos artistas, entre eles Picasso.

Oswald, Tarsila, Yvette Farkou, Léger, Brancusi e um amigo, em Paris.

Tarsila estuda durante três meses na Academia de André Lhote, que ensinava técnicas cubistas e mostrava como Michelangelo utilizava o movimento em seus trabalhos. Assim, Tarsila foi somando influências do passado e do presente para aprimorar o seu trabalho.

A CAIPIRINHA, 1923,
óleo sobre tela, 60 x 81 cm.
Coleção particular.

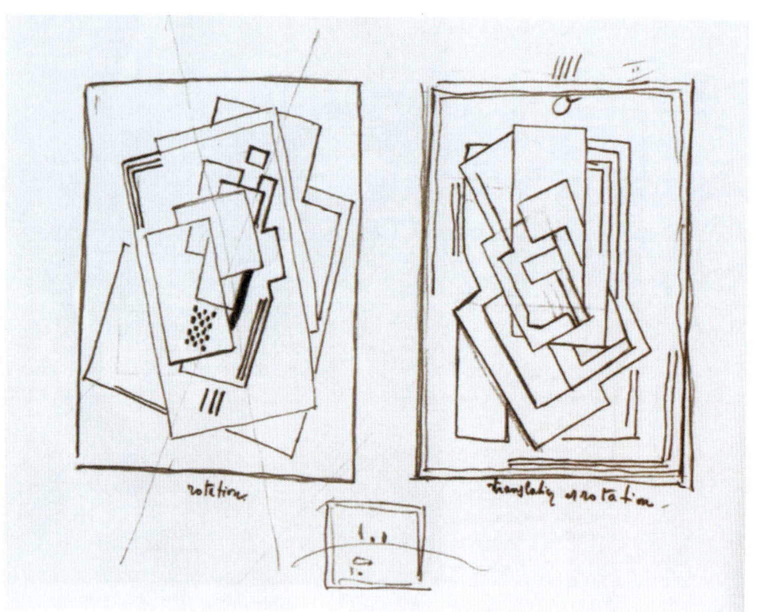

Pouco a pouco, sua obra adquiriu ritmos poéticos, simplificação de formas e maior suavidade do traço. A cor funde-se com os planos, ganhando nitidez. A influência impressionista diminui e as formas ganham contornos, adotando o Cubismo como forma de expressão.

Anotações de aula com Albert Gleizes pertencentes a Tarsila, 1923: "rotation" e "translation et rotation".

O Cubismo foi um movimento de energia, cores e dinamismo, influenciando toda a Paris, desde o *design* de tecidos, bijuterias até automóveis. Os artistas ficaram entusiasmados, pois adoravam receber a cultura de outros países. Nesse clima, Tarsila sentiu-se brasileira! Suas pinturas revelavam reminiscências de sua infância, de sua imaginação, como aconteceu com as obras *A caipirinha* e *A negra*. Surgia em Tarsila a vontade de vencer e ser orgulho para o seu país.

Esboço para **A NEGRA**, 1923, lápis e aquarela sobre papel, 23,4 x 18 cm. Coleção Mário de Andrade, Instituto de Estudos Brasileiros da USP.

Entre pinturas e passeios, Tarsila e Oswald visitaram o poeta suíço Blaise Cendrars. Surgiu entre eles uma grande amizade e um progressivo aumento da vida social, com encontros e jantares com artistas e intelectuais que moravam em Paris ou para lá iam em busca de informação.

Esta obra refletiu o momento artístico e social em que Tarsila se encontrava. A elegância está no contraste entre o vermelho do casaco e o fundo azul da gola, demarcados geometricamente com a sensualidade do colo; as nuances ao fundo deram altivez tanto a Tarsila quanto ao quadro.

AUTORRETRATO (MANTEAU ROUGE), 1923,
óleo sobre tela, 73 x 60 cm.
Acervo Museu Nacional de Belas Artes.

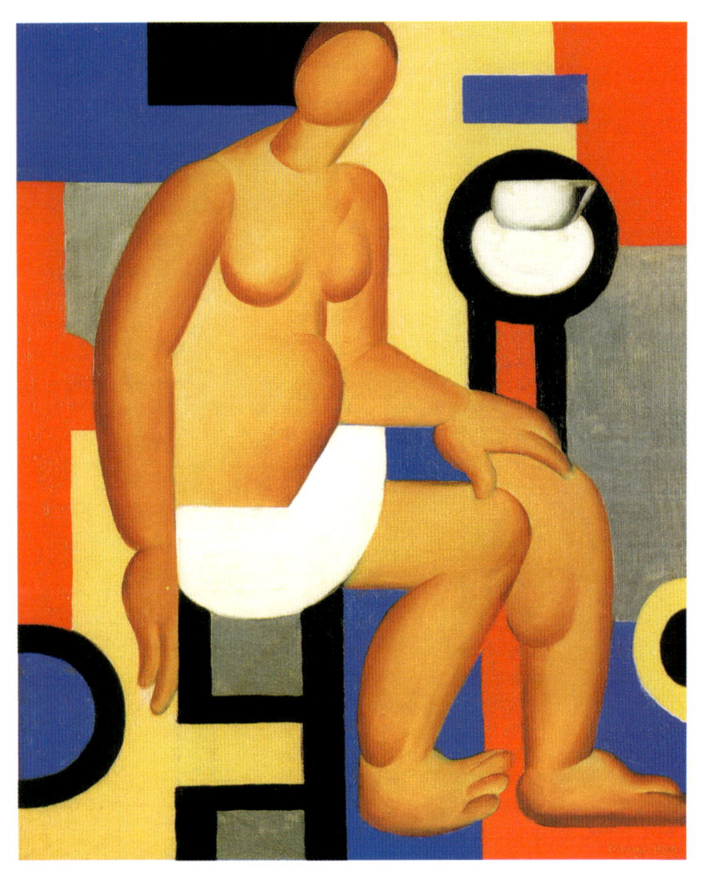

ESTUDO (Academia nº 1 ou **LA TASSE**), 1923, óleo sobre tela, 61 x 50 cm. Coleção particular.

Oswald de Andrade pôde divulgar o Modernismo brasileiro numa palestra na Sorbonne, prestigiosa universidade francesa, mostrando a posição dos artistas da Semana de 1922. Em sua fala, ele ressaltou a importância do canto dos índios e do soar do toque do tambor.

Com o pintor Albert Gleizes, Tarsila descobriu a essência do Cubismo. Aprendeu a estruturar melhor a própria obra e a interligar diversos planos. Estudando as teorias de arte do Renascimento e perspectiva, sintetizou o corpo humano e colocou elementos de modernidade, como ritmos e volumes.

PONT NEUF, 1923, óleo sobre tela, 33 x 41 cm. Coleção particular.

Enquanto Tarsila se aprimorava artisticamente, o romance com Oswald ia se consolidando. No verão europeu, viajam pela Itália, passeiam por Pisa, Roma, Ilha de Capri, Nápoles, Milão, Verona e Veneza.

Por intermédio do embaixador brasileiro Souza Dantas, em Paris, artistas nacionais realizam intercâmbio com vanguardistas franceses. Tarsila começou a frequentar o ateliê de um dos representantes do Cubismo, Fernand Léger, no bairro de artistas de Montparnasse, onde modelos posavam ao lado de rodas, chaminés e serras com naturalidade.

Paris era uma festa! Manifestações artísticas ocorriam por toda parte. Tarsila e Oswald iam às livrarias, passeavam e encontravam-se com outros brasileiros, como os pintores Anita Malfatti, Di Cavalcanti e Vicente Monteiro, o músico Villa-Lobos e os aristocratas Paulo Prado e dona Olívia Guedes Penteado.

Tarsila e dona Olívia visitavam galerias de arte, compravam obras de artistas vanguardardistas e organizavam almoços à brasileira no ateliê da artista.

VENEZA, 1923, desenho (obra extraviada).

BALLET SUECO.
A criação do mundo, 1923, cenário de Fernand Léger.

Enquanto Tarsila tinha aulas com Léger, pintava e refletia sobre o novo mundo criado pelo ser humano durante a civilização industrial.

Tarsila apresentou a obra *A negra* para Léger, que ficou impressionado e mostrou a tela a todos os seus alunos, dizendo que era uma obra de grande qualidade. A imagem tem elementos cubistas ao fundo, mas a figura tem elementos nacionais.

As cores fortes e as formas geométricas integram o homem em meio à modernidade.

Detalhe de **ESTUDO (LA TASSE)**, 1923.

A NEGRA, 1923,
óleo sobre tela, 100 x 80 cm.
Acervo do Museu de Arte Contemporânea da USP.

A negra, com seu equilíbrio geométrico, de seios grandes, provavelmente provém da infância de Tarsila, quando ela via, nas fazendas do avô, negras, filhas de escravos, servindo de mães de leite ou amas-secas das crianças brancas. A imagem surge da terra com toda força, sendo um dos primeiros quadros da arte brasileira a dar tal destaque a uma mulher negra.

O diretor da galeria mais importante de Paris, Léonce Rosenberg, convida Tarsila para expor. Tarsila estudou, aprimorando e descobrindo o próprio modo de desenhar, compor e pintar; suas obras mudaram o cenário sociocultural do Brasil, rompendo de vez com a arte acadêmica imposta pela sociedade brasileira.

Oswald lançou o *Manifesto Pau-Brasil* e, no final do ano de 1923, Tarsila voltou ao Brasil.

No Rio de Janeiro, cede entrevista ao jornal *Correio da Manhã*. Declarando-se uma artista cubista, afirmou que o início do século XX era um momento importante para a humanidade e que seria a expressão das descobertas científicas e o crescimento das cidades, ocorrendo importantes mudanças na indústria, na moda, no mobiliário, nos brinquedos.

BARCO, 1925, nanquim sobre papel, 15,6 x 23,3 cm. Prefeitura do Município de São Paulo, Secretaria Municipal de Cultura, Centro Cultural São Paulo.

AUTORRETRATO I, 1924, óleo sobre papel-tela, 38 x 32,5 cm. Acervo Artístico-Cultural dos Palácios do Governo do Estado de São Paulo.

Detalhe de **SÃO PAULO (GAZO)**, 1924.

Em São Paulo, pessoas aguardavam para conhecer as pinturas de Tarsila, que impressionou a todos pela sólida estruturação das obras de geometrismo gracioso. Havia também a curiosidade em ver a maneira de pentear os cabelos e em apreciar seu ateliê, pois as novidades estavam ali.

Outros artistas brasileiros aderiram ao Cubismo, como Victor Brecheret, na escultura; Villa-Lobos, na música; Souza Lima, no piano; Di Cavalcanti e Anita Malfatti, na pintura; e Paulo Prado e Oswald de Andrade, em suas conferências.

No início de 1924, Tarsila começou a pintar *A cuca*. O poeta Blaise Cendrars chegou ao Brasil e Oswald, então, sugere que passem o Carnaval no Rio de Janeiro, para que o poeta conhecesse a maior festa popular do Brasil.

"Estou fazendo quadros bem brasileiros que têm sido muito apreciados. Agora fiz um que se intitula A cuca. *É um bicho esquisito, no mato, com um sapo, um tatu e outro bicho inventado."*

Carta de Tarsila do Amaral à filha Dulce.

A CUCA, 1924, óleo sobre tela, 73 x 100 cm. Acervo Musée de Grenoble, França.

Os amigos partiram de São Paulo, passaram por Santos até chegar ao Rio de Janeiro. Cendrars ficou extasiado com a natureza, o povo e o folclore brasileiros, visitou as favelas nos morros cariocas, onde as famílias simples começavam a se aglomerar.

Dessa viagem, Tarsila pintou, entre outros trabalhos, *Carnaval em Madureira*, que funde cores e formas para transmitir a atmosfera de um clima tropical e de muita alegria. Curiosamente, a Torre Eiffel é mostrada no meio de uma favela carioca, como uma forma de integração entre as culturas parisiense e brasileira.

CARNAVAL EM MADUREIRA, 1924,
óleo sobre tela, 76 x 63 cm.
Coleção particular.

Após o Carnaval, seguiram viagem para Minas Gerais. O grupo fez descobertas importantes do período colonial. Tarsila registrava colinas, adornos de igrejas e imagens pitorescas de ruas e pessoas em seus famosos caderninhos. Saborearam a comida mineira, porém, o mais importante foi a redescoberta da arte barroca.

Ficaram surpresos com a expressividade das esculturas de Antônio Francisco Lisboa, o Aleijadinho, e com as pinturas de Mestre Ataíde.

TIRADENTES, 1924, lápis sobre papel, 32 x 22,3 cm. Coleção de Artes Visuais, Instituto de Estudos Brasileiros da USP.

Detalhe de **ANJO COM CÁLICE**, de Aleijadinho.

PAISAGEM DE OURO PRETO, 1924, lápis e aquarela sobre papel, 16 x 22,6 cm. Coleção particular.

Tarsila, acostumada ao luxo, se encantou com a poética e a simplicidade das casas populares. Os forros das casas de taquarinha, madeira pintada, e as igrejas haviam sido realizadas por artistas cujos nomes se perderam na história. Admirada, disse: "Encontrei em Minas as cores que adorava quando criança. Sempre gostei das festas populares, mas me ensinaram que eram *feias* e *caipiras*."

O conhecimento europeu e as tradições brasileiras geraram uma obra caracterizada como fase *Pau-Brasil*. Os contornos tornaram-se mais simples e certas cores, como o azul intenso, o rosa violáceo, o amarelo vivo e os verdes cantantes, começaram a predominar. As pinturas tornaram-se mais limpas e serenas, criando assim as formas tarsilianas. Dos esboços realizados na viagem, surgiram telas como *Morro da favela*.

MORRO DA FAVELA, 1924,
óleo sobre tela, 64 x 76 cm.
Coleção Sérgio Fadel, Rio de Janeiro.

OS ANJOS, 1925, óleo sobre tela, 85 x 75 cm.
Coleção Gilberto Chateaubriand, Museu de Arte Moderna, Rio de Janeiro.

A viagem foi uma descoberta do passado que abriu as portas para o futuro da arte brasileira. Oswald escreveu os primeiros poemas do seu livro *Pau-Brasil*, e Cendrars pediu a Tarsila que fizesse as ilustrações de seu livro *Feuilles de route: I. le Formose*, em que narra a viagem da França até São Paulo.

Com raízes nacionais, olhar estrangeiro e sensibilidade singular, Tarsila conseguiu criar imagens bem diferentes de temas populares, como feiras, festas religiosas e folclore, e de cenários urbanos, como estações de trens, automóveis e as mencionadas favelas.

Em março de 1924, inspirado nas obras de Tarsila, Oswald publicou o *Manifesto Pau-Brasil*, valorizando a arte brasileira. As obras de Tarsila influenciaram a literatura de Mário de Andrade, de Manuel Bandeira e de Carlos Drummond de Andrade.

"A poesia existe nos fatos. Os casebres de açafrão e de ocre nos verdes da favela, sob o azul cabralino, são fatos estéticos."

"Uma única luta – a luta pelo caminho. Dividamos: Poesia de Importação. E a poesia Pau-Brasil, de exportação."

Manifesto Pau-Brasil, *Oswald de Andrade.*

Belle Époque

A europeização estava na moda, principalmente tudo que vinha da França. Isso alimentava os sonhos de consumo da burguesia, que determinava ser *chic*. O consumo ia desde o idioma – em que eram lidos recitais –, até o champanhe, o perfume, a moda e os hábitos extravagantes cultivados pela sociedade pós-guerra, que se mantinha com o desenvolvimento das cidades, como São Paulo e Rio de Janeiro. Porém, havia uma fase sombria: o início da República trouxe inflação, desemprego e principalmente a superprodução de café.

Retrato de Tarsila em Londres, 1921.

Cendrars ainda promoveu uma palestra sobre arte moderna utilizando obras de arte do acervo pessoal de Tarsila e de dona Olívia Guedes Penteado, personagem importante do Modernismo brasileiro, que, além de proporcionar reuniões em sua mansão, que mais tarde se transformou em salão moderno, colocava à disposição a Fazenda Santo Antônio, onde Tarsila envolvia a todos tocando violão e piano de improviso e Villa-Lobos, animado, brincava, ensinando capoeira para os meninos.

FAZENDA, 1925, nanquim sobre papel, 15,5 x 22,8 cm. Coleção particular.

CARNAVAL, 1925, nanquim e lápis sobre papel, 12,5 x 13,5 cm. Centro Cultural São Paulo.

Cendrars partiu, e os modernistas abriram a porta do futuro descobrindo o passado. Passado que no século XVIII Aleijadinho e Mestre Ataíde consagraram com suas mãos, seus adornos, seu colorido. Blaise Cendrars admirou tanto a obra de Aleijadinho que escreveu um livro sobre o artista.

Em setembro, Tarsila regressou a Paris, lá permanecendo por cinco meses, e Oswald seguiu para lá em novembro. Em Paris, Cendrars lançou o livro *Feuilles de route: I. le Formose*. Oswald pede Tarsila em casamento.

Tarsila

Quero casar-me com você. Será toda a minha felicidade e a sua. Autoriza-me você a agir nesse sentido?
Pensei bem antes de lhe escrever esta carta. Posso considerar-me seu noivo com necessária reserva?
Irei buscar a resposta amanhã à tarde.
Seu, inteiramente seu.

Oswald de Andrade

Em fevereiro do ano seguinte, Tarsila voltou ao Brasil. Oswald voltaria só em agosto, trazendo seu livro *Pau-Brasil*, ilustrado pela artista. O entrosamento cultural e afetivo entre os dois era tão grande que Mário de Andrade passou a chamá-los de Tarsiwald. Oswald e Tarsila transformaram a casa da família em salão, ponto de encontro dos modernistas da época.

Nesse período, Tarsila pintou telas para uma exposição na capital francesa, atendendo ao convite de Léonce Rosenberg, diretor da importante Galeria Percier.

Capa do livro **PAU-BRASIL**, de Oswald de Andrade.

E.F.C.B. (ESTRADA DE FERRO CENTRAL DO BRASIL), 1924,
óleo sobre tela, 141 x 127 cm.
MAC USP, São Paulo.

As obras acompanham a modernização da cidade, ganham cada vez mais volume, perspectiva e movimento. A gama de cores utilizada funde-se em harmonia, exalando uma riqueza tropical genuinamente brasileira, estruturada organicamente em formas circulares. Alinhou os elementos geométricos como acontece em *A feira I* e *A feira II*.

A FEIRA II, 1925,
óleo sobre tela, 46 x 55 cm.
Coleção particular.

Em dezembro de 1925, Tarsila e Oswald embarcaram para Paris. Levaram telas para uma exposição. As formas, as pessoas, os animais, as paisagens e as massas de cor, tratadas com grande equilíbrio, conquistam o público, entre eles o pintor Pablo Picasso, e a crítica.

Oswald, Tarsila e um grupo de passageiros a bordo do transatlântico *Cap. Polônio*, na viagem para a Europa, em 1925.

Vilarejos e cenas tropicais são tratados com pureza e lirismo. Em muitos quadros, observa-se a influência de Léger; em outros, plantas, animais ou seres do folclore nacional ganham maior destaque, sempre com um tratamento renovador em termos de formas e cores.

PAISAGEM COM TOURO, 1925, óleo sobre tela, 50 x 65,2 cm. Coleção particular.

Tarsila, Oswald e Dulce (os três à direita), em viagem ao Egito, 1926.

Após a exposição, o casal viajou pela Grécia, Turquia, Rodes, Chipre, Israel e Egito. Ao retornar, Tarsila declarou para *O Jornal*, do Rio de Janeiro: "Comecei a desejar criar uma arte mais pessoal e, desse modo, entrei a aperfeiçoar processos aprendidos, torcendo-os a meu jeito e de acordo com o meu temperamento".

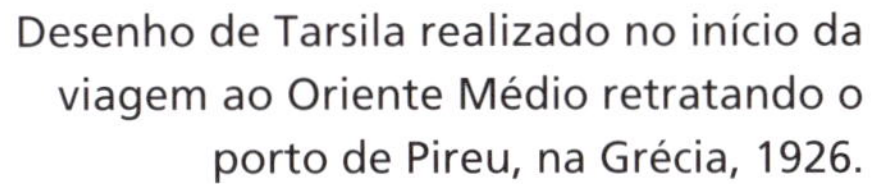

Desenho de Tarsila realizado no início da viagem ao Oriente Médio retratando o porto de Pireu, na Grécia, 1926.

Tarsila, deslumbrante e integrada com sua arte e seu tempo, vestia-se com o costureiro da alta moda parisiense Paul Poiret. Ele fazia suas criações e estampava tecidos inspirado nos lugares exóticos de Marrocos e Argélia. Em seu ateliê, Poiret mantinha perfumes, sapatos, móveis e outros objetos de gosto bem diferenciado, como copos, abajures, bonecas e almofadas.

Paris não parava de inovar. A cultura americana também se fazia presente e era possível encontrar nos arredores da cidade a revista negra *Black Birds*. O museu de Grenoble estava sendo organizado para compor um acervo com as últimas tendências artísticas. Assim, Tarsila doou *A cuca*.

Tarsila no salão de sua casa em São Paulo.

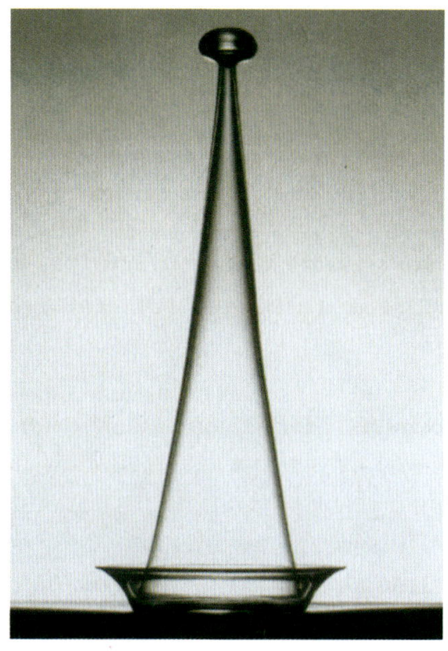

Paul Poiret
TAÇA DE CHAMPANHE SEM PÉ.
Coleção de Mme. Marinette Prado.

De volta ao Brasil, Tarsila dedicou-se aos preparativos do casamento, ocorrido em 30 de outubro de 1926. Um dos padrinhos foi o presidente do Brasil, Washington Luís. Tarsila e Oswald passam a morar na Fazenda Santa Tereza do Alto, transformando-a num ponto de encontro de artistas modernistas.

Tarsila continuou retratando o Brasil. Pintou a vasta religiosidade, revelando a fé do popular nacional.

RELIGIÃO BRASILEIRA I, 1927, óleo sobre tela, 63 x 76 cm. Acervo Artístico-Cultural dos Palácios do Governo do Estado de São Paulo.

Para o marido, ilustrou o livro *Primeiro caderno do aluno de poesia Oswald de Andrade*. Nessa época, o amigo Mário de Andrade sonhava em fazer uma expedição para o Norte do Brasil.

Tarsila presenteou a filha com a tal aventura. Mário de Andrade e Dulce subiram o litoral do Brasil, fazendo amizades por onde passavam. Visitaram Recife. Dulce cantava as canções folclóricas, tudo regado com muito bom humor e companheirismo. Ao chegarem ao estado do Amazonas, foram recebidos pelas autoridades locais, que proporcionaram passeios de barco e automóvel, almoços e jantares de tartaruga com farinha-d'água, pato com molho de tucupi, caranguejos ensopados e outros pratos regionais, além das deliciosas frutas, sorvetes e sucos locais. Conheceram ainda de perto a vitória-régia e o encontro entre os rios Amazonas e Negro.

Oswald, Tarsila e
Olívia Guedes Penteado, em 1927.

Mário de Andrade e Dulce,
em viagem ao Amazonas.

Tarsila e Oswald, enquanto isso, dividiam o tempo entre a fazenda e a capital, e ela enviava cartas à filha. O casal mantinha sua rotina social agitada e tinha amigos tanto no Brasil como no exterior. Quando iam a Paris, eram bem recebidos pela sociedade. Certa vez, Villa-Lobos lhes presenteou com a partitura de um choro intitulado *Pica-pau*.

"Filhinha,
Tenha juízo. Cuidado com os jacarés!"

Tarsila

No Brasil, o Modernismo era absorvido na literatura, nas artes, na música e na arquitetura, com Gregori Warchavchik, que construiu a primeira habitação moderna. A fachada era simples, pois luxo e conforto estavam no interior da residência. Na jardinagem, ele explorou a nossa flora tropical, criando nova harmonia, pois a predominância até então era de jardins europeus. As dificuldades estavam na falta de material adequado, como a madeira compensada, e na mão de obra especializada.

Residência do casal Mina Klabin e Gregori Warchavchik, concluída em 1928.

Lentamente, as composições de Tarsila vão deixando a realidade e passam a retratar o mundo dos sonhos. As paisagens urbanas expressando o progresso das grandes cidades como São Paulo, entre fábricas, chaminés, locomotivas, carros e prédios, vão se modificando e passam a pertencer ao universo onírico. Compare as duas obras abaixo.

A GARE, 1925, óleo sobre tela, 84,5 x 65 cm. Coleção particular.

CIDADE (A RUA), 1929, óleo sobre tela, 81 x 54 cm. Coleção particular.

No Brasil, os modernistas estavam mais presentes, participavam de debates. Di Cavalcanti fazia caricaturas para jornais e revistas, e Flávio de Carvalho ilustrou Loie Fuller dançando. Lampião surgia diariamente nas colunas dos jornais, Padre Cícero do Juazeiro do Ceará é tido como fenômeno nacional, o maxixe, gênero musical cujo prestígio durou até o aparecimento do samba, foi sucesso na Europa.

São Paulo modernizava-se aos poucos, ainda havia exposições acadêmicas, como as de Batista da Costa.

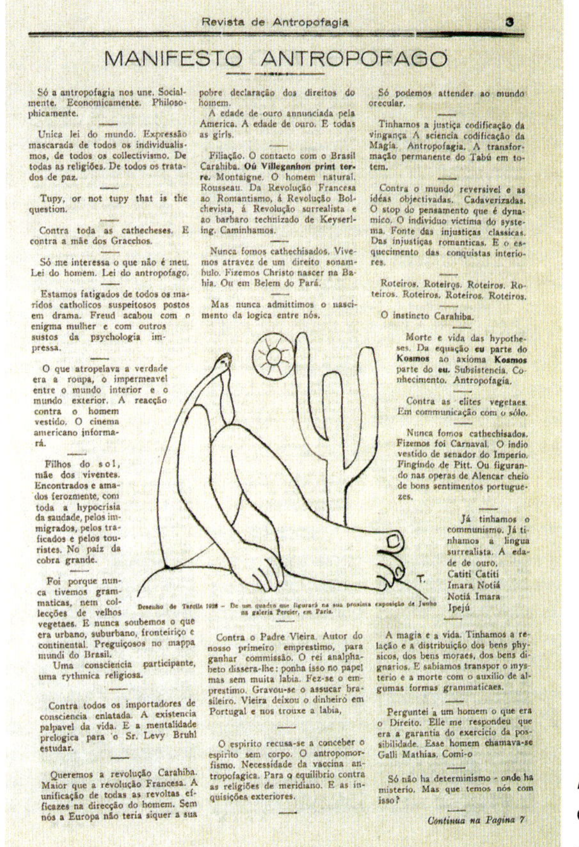

Revista de Antropofagia 3

MANIFESTO ANTROPOFAGO

Só a antropofagia nos une. Socialmente. Economicamente. Philosophicamente.

Unica lei do mundo. Expressão mascarada de todos os individualismos, de todos os collectivismo. De todas as religiões. De todos os tratados de paz.

Tupy, or not tupy that is the question.

Contra toda as cathecheses. E contra a mãe dos Gracchos.

Só me interessa o que não é meu. Lei do homem. Lei do antropofago.

Estamos fatigados de todos os maridos catholicos suspeitosos postos em drama. Freud acabou com o enigma mulher e com outros sustos da psychologia impressa.

O que atropelava a verdade era a roupa, o impermeavel entre o mundo interior e o mundo exterior. A reacção contra o homem vestido. O cinema americano informará.

Filhos do sol, mãe dos viventes. Encontrados e amados ferozmente, com toda a hypocrisia da saudade, pelos immigrados, pelos traficados e pelos touristes. No paiz da cobra grande.

Foi porque nunca tivemos grammaticas, nem collecções de velhos vegetaes. E nunca soubemos o que era urbano, suburbano, fronteiriço e continental. Preguiçosos no mappa mundi do Brasil.

Uma consciencia participante, uma rythmica religiosa.

Contra todos os importadores de consciencia enlatada. A existencia palpavel da vida. E a mentalidade prelogica para o Sr. Levy Bruhl estudar.

Queremos a revolução Carahiba. Maior que a revolução Francesa. A unificação de todas as revoltas efficazes na direcção do homem. Sem nós a Europa não teria siquer a sua pobre declaração dos direitos do homem.

A edade de ouro annunciada pela America. A edade de ouro. E todas as girls.

Filiação. O contacto com o Brasil Carahiba. **Oú Villeganhon print terre.** Montaigne. O homem natural. Rousseau. Da Revolução Franceza ao Romantismo, á Revolução Bolchevista, á Revolução surrealista e ao barbaro technizado de Keyserling. Caminhamos.

Nunca fomos cathechisados. Vivemos atravez de um direito sonambulo. Fizemos Christo nascer na Bahia. Ou em Belem do Pará.

Mas nunca admittimos o nascimento da logica entre nós.

Desenho de Tarsila 1928 – De um quadro que figurará na sua proxima exposição de Junho na galeria Percier, em Paris.

Contra o Padre Vieira. Autor do nosso primeiro emprestimo, para ganhar commissão. O rei analphabeto dissera-lhe: ponha isso no papel mas sem muita labia. Fez-se o emprestimo. Gravou-se o assucar brasileiro. Vieira deixou o dinheiro em Portugal e nos trouxe a labia.

O espirito recusa-se a conceber o espirito sem corpo. O antropomorfismo. Necessidade da vaccina antropofagica. Para o equilibrio contra as religiões de meridiano. E as inquisições exteriores.

Só podemos attender ao mundo orecular.

Tinhamos a justiça codificação da vingança. A sciencia codificação da Magia. Antropofagia. A transformação permanente do Tabú em totem.

Contra o mundo reversivel e as idéas objectivadas. Cadaverizadas. O stop do pensamento que é dynamico. O individuo victima do systema. Fonte das injustiças classicas. Das injustiças romanticas. E o esquecimento das conquistas interiores.

Roteiros. Roteiros. Roteiros. Roteiros. Roteiros. Roteiros. Roteiros.

O instincto Carahiba.

Morte e vida das hypotheses. Da equação **eu** parte do **Kosmos** ao axioma **Kosmos** parte do **eu**. Subsistencia. Conhecimento. Antropofagia.

Contra as elites vegetaes. Em communicação com o sólo.

Nunca fomos cathechisados. Fizemos foi Carnaval. O indio vestido de senador do Imperio. Fingindo de Pitt. Ou figurando nas operas de Alencar cheio de bons sentimentos portuguezes.

Já tinhamos o communismo. Já tinhamos a lingua surrealista. A edade de ouro.
Catiti Catiti
Imara Notiá
Notiá Imara
Ipejú

A magia e a vida. Tinhamos a relação e a distribuição dos bens physicos, dos bens moraes, dos bens dignarios. E sabiamos transpor o mysterio e a morte com o auxilio de algumas formas grammaticaes.

Perguntei a um homem o que era o Direito. Elle me respondeu que era a garantia do exercicio da possibilidade. Esse homem chamava-se Galli Mathias. Comi-o

Só não ha determinismo - onde ha misterio. Mas que temos nós com isso?

Continua na Pagina 7

Manifesto Antropófago, de Oswald de Andrade, publicado na *Revista de Antropofagia* nº 1, de maio de 1928.

No início de 1928, Tarsila presenteou seu marido com um quadro recém-terminado. Oswald ficou impressionado!

Assim que viu a obra, disse: *"É o homem plantado na Terra!"*. Tarsila também se surpreendeu com sua criação, de pé imenso, de mão grande, de cabeça minúscula; era a figura do Abaporu, denominado por Oswald, Tarsila e Raul Bopp. Tarsila sabia que foram as reminiscências de sua infância, das histórias contadas pelas escravas da fazenda, que contribuíram para sua criação, hoje a obra de arte mais conhecida no Brasil.

Oswald, inspirado na tela, criou o Movimento Antropófago, pois *Abaporu* significa *homem que come carne humana*. O *Abaporu* tornou-se um símbolo expressivo da nossa cultura, possuindo uma identidade com o povo brasileiro.

"Só a antropofagia nos une. Socialmente. Economicamente. Filosoficamente."

ABAPORU, 1928,
óleo sobre tela,
85 x 73 cm.
Coleção particular.

As novas obras de Tarsila recebem cores fortes, nas quais a natureza e o colorido se fundem, criando paisagens em que o real e o imaginário se misturam. É o caso de *O lago*.

O LAGO, 1928,
óleo sobre tela, 75,5 x 93 cm.
Coleção particular.

Tarsila, curiosamente, começou a mesclar momentos anteriores. Em *Cartão-postal*, belíssima paisagem do Rio de Janeiro, surgem elementos da fase Pau-Brasil, como as casas pequenas e simples e as árvores, e da fase antropofágica, principalmente o casal de macaquinhos.

Detalhe de
SÃO PAULO, 1924.

CARTÃO-POSTAL, 1929,
óleo sobre tela,
127,5 x 142,5 cm.
Coleção particular.

Em *Antropofagia*, há um diálogo entre *A negra* e o *Abaporu*. A negra já não nos surpreende como no passado, e o sol, a folha de bananeira e os cactos são tratados como expressões nacionais. É um trabalho em que a artista consegue comentar a própria obra, realizando uma síntese de sua busca por uma linguagem própria.

Após a publicação do *Manifesto Antropófago*, Tarsila e Oswald retornaram a Paris, onde ela expôs individualmente, pela segunda vez, na Galeria Percier. A obra mais elogiada foi justamente o *Abaporu*, principalmente pela ousadia da composição e por mostrar aos estrangeiros uma arte com características tipicamente brasileiras.

ANTROPOFAGIA, 1929, óleo sobre tela, 126 x 142 cm. Coleção particular.

Telas como *O ovo* (ou *Urutu*) reúnem importantes símbolos da Antropofagia. Por um lado, a cobra assusta pelo seu poder de deglutição, que a torna capaz de engolir animais bem maiores do que ela mesma. Por outro, o ovo indica o nascimento de algo novo – o que estava ocorrendo na arte brasileira da época.

O OVO (URUTU), 1928,
óleo sobre tela, 60,5 x 72,5 cm.
Coleção particular.

No final dos anos 1920, o casal começou a enfrentar problemas financeiros. Devido à dificuldade de vender café no mercado internacional, Tarsila e Oswald voltaram então para São Paulo e continuaram promovendo reuniões modernistas e prestigiando a cultura popular, inclusive indo aos espetáculos circenses do palhaço Piolin, que eram assistidos até pelo presidente Washington Luís.

Tarsila na Galeria Percier, em Paris, ao lado do seu quadro MORRO DA FAVELA, 1926.

Em julho de 1929, no Palace Hotel, Rio de Janeiro, Tarsila faz a sua primeira exposição individual no Brasil. A repercussão foi grande. Além de mostrar o seu trabalho, nos dois últimos dias levou ao hotel o seu acervo pessoal, permitindo, pela primeira vez, que o público brasileiro tivesse acesso a obras de Picasso, Léger, Lhote, De Chirico, Delaunay, Brancusi e Miró.

"Abre-se hoje no Rio de Janeiro a anunciada exposição da pintora paulista Tarsila do Amaral. Trata-se incontestavelmente de um acontecimento invulgar no mundo das nossas artes..."

O Diário Nacional, *20/7/1929.*

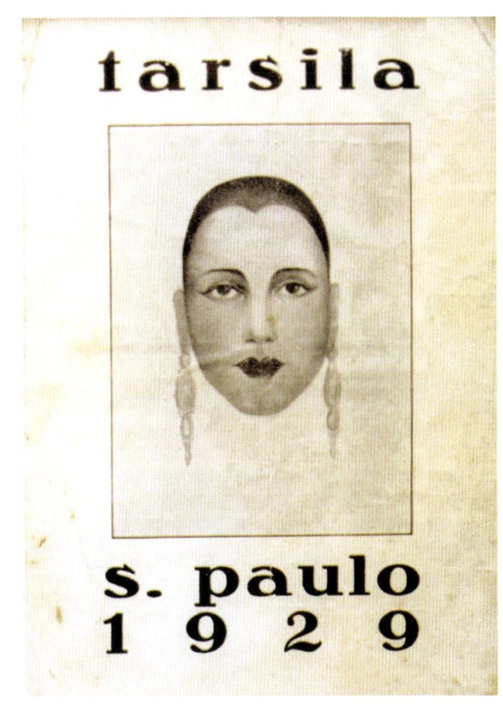

Capa do catálogo da exposição de 1929.

A economia mundial sofreu uma grande virada em 1929 com a crise da Bolsa de Nova York. Os preços do café caíram vertiginosamente, e os fazendeiros foram obrigados a queimar as safras para tentar elevar os preços do produto. Sem dinheiro, Tarsila e Oswald hipotecaram a propriedade de Santa Tereza do Alto e encerraram a prazerosa rotina de festas, viagens e jantares.

COMPOSIÇÃO (FIGURA SÓ), 1929, óleo sobre tela, 83 x 129 cm. Coleção particular.

Patrícia Galvão (Pagu), Anita Malfatti, Benjamin Péret, Tarsila, Oswald e Elsie Houston na estação Central do Brasil, por ocasião da mostra de Tarsila no Rio de Janeiro.

Oswald apaixonou-se por Patrícia Galvão, conhecida como Pagu, uma jovem inteligente e audaciosa. A nova paixão de Oswald e a instabilidade financeira que enfrentavam levaram o casal a separar-se. Tarsila conseguiu ser nomeada conservadora da Pinacoteca do Estado de São Paulo, enquanto Oswald casou-se com Pagu.

Com a Revolução de 1930, na qual Getúlio Vargas tomou o poder, o Brasil passa por uma grande transformação. A política, até então dominada pelos paulistas e mineiros produtores de café e leite, muda de mãos. Surgem novas lideranças e, nesse jogo de poder, Tarsila perde o cargo.

Detalhe de **PAISAGEM COM PONTE**, 1931.

Revoluções de 1930 e 1932

A Revolução de 1930 foi um movimento político-militar que pôs fim à Primeira República e deu início à Segunda. Representou a vitória dos setores agrícolas não cafeeiros e as reivindicações das camadas médias urbanas. Sob a liderança de Getúlio Vargas, resultou na deposição do presidente Washington Luís em 24 de outubro.

Dois anos depois, sob a liderança da oligarquia cafeeira tradicional, o Partido Republicano Paulista, afastado do poder em 1930, associou-se ao Partido Democrático e reivindicou a convocação imediata de uma Assembleia Constituinte. Houve combates contra as forças federais, e o movimento, embora derrotado, contribuiu para apressar a constitucionalização do país.

Em 1931, Tarsila conheceu o jovem médico psiquiatra Osório César. Essa nova relação teve reflexos também em seu trabalho, porque ele desenvolvia atividades ligadas a manifestações criativas em pessoas com doenças mentais.

Juntos, programaram uma viagem à URSS (União das Repúblicas Socialistas Soviéticas), atual Rússia. Tarsila vendeu algumas obras de sua coleção particular, pois desejava conhecer Moscou e apreciar a arquitetura, as cúpulas de igrejas cobertas com ouro, o povo e o modo de viver regido pelo socialismo soviético. Por intermédio de amigos, Tarsila expôs no Museu de Arte Ocidental, no qual compraram a tela *O pescador*, paga em rublos (moeda local). O casal viajou visitando museus, instituições artísticas e de medicina experimental. Tarsila fazia desenhos e anotações do que via e sentia.

Animados com a viagem, Tarsila e Osório foram para Paris, lá a artista trabalhou como operária nos arredores da cidade, construindo casas para outros artistas. Pintou paredes e expôs no Salon des Surindépendants. De volta ao Brasil, trazendo dentro de si um sentimento socialista, participou de reuniões com integrantes do Partido Comunista Brasileiro e, após a Revolução Constitucionalista de 1932, foi presa por dois meses.

Tarsila e Osório César durante a visita à União Soviética em 1931.

Desenho de Tarsila retratando a cidade de Moscou, 1931.

Já em liberdade, não se envolveu mais diretamente com política. O sentimento socialista, porém, permaneceu e a levou a iniciar uma nova fase artística, voltada para a temática social. A tela *Operários*, primeira no Brasil a mostrar a classe, impressionou pelo conjunto de 53 cabeças justapostas, representando todas as raças.

Além de rostos de figuras anônimas, Tarsila incluiu, em *Operários*, pessoas que fizeram parte de sua vida, como o administrador de sua fazenda, Benedito Sampaio, o escritor e amigo Mário de Andrade, o arquiteto Warchavchik, com quem trabalhou, e a si mesma.

Naquela época, Getúlio Vargas, então presidente do Brasil, modificou a vida dos operários. Foi criada a Legislação Trabalhista, estabelecendo alguns direitos ao trabalhador, como jornada de trabalho, férias remuneradas, aposentadoria, previdência social. Getúlio deixou a classe operária mais feliz.

OPERÁRIOS, 1933,
óleo sobre tela,
150 x 205 cm.
Acervo Artístico-Cultural
dos Palácios do Governo
do Estado de São Paulo.

Em *Segunda classe*, Tarsila expressou o sofrimento e a solidão das famílias que chegavam de trem a São Paulo sem recursos. Nesse período, uma névoa cinzenta cobria as cores de Tarsila, dando aos seus trabalhos um ar mais sombrio e socialmente crítico.

SEGUNDA CLASSE, 1933,
óleo sobre tela,
110 x 151 cm.
Coleção particular.

Após a Revolução de 1932, os artistas não podiam expressar livremente as suas ideias. Foi criado, em São Paulo, o CAM – Clube de Artistas Modernos, no qual Tarsila fez algumas conferências com o cartaz trazido da União Soviética. Logo, porém, percebeu que o seu mundo era o da arte, e não o da política. Dedicou-se então à recuperação de sua fazenda.

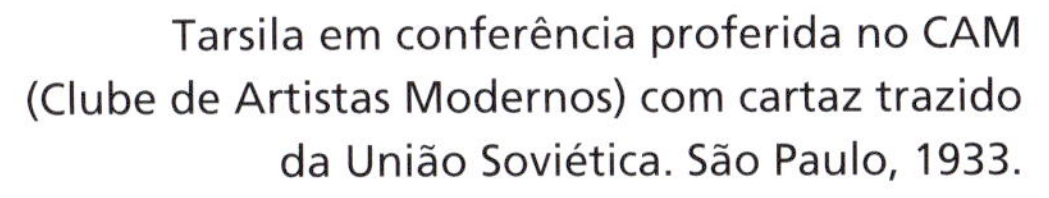

Tarsila em conferência proferida no CAM (Clube de Artistas Modernos) com cartaz trazido da União Soviética. São Paulo, 1933.

Em 1933, no Rio de Janeiro, fez uma grande retrospectiva, com 67 pinturas e 106 desenhos, realizados a partir de 1918, com o objetivo de arrecadar fundos. Durante essa exposição, conheceu o jovem Luís Martins.

"Penso que o artista deve seguir com fidelidade o seu temperamento, ser, acima de tudo, sincero consigo mesmo [...], trabalhando com prazer na sublimação dos seus ideais."

Tarsila do Amaral, Diário de São Paulo, *1942.*

Em 1934, participou do I Salão Paulista de Belas Artes com as telas *Operários* e *Segunda classe*. Passou então a morar no Rio de Janeiro, mas ia frequentemente a São Paulo.

De 1936 a 1952, trabalhou como colunista nos *Diários Associados*. Escrevia sobre arte, música, filosofia grega e os mais variados pintores, como Van Gogh e El Greco, entre muitos outros.

Nos anos 1940, Tarsila pintou obras com aspectos da fase antropofágica e realizou ilustrações para o jornal *O Estado de S. Paulo*, desenhando grandes personalidades, para a coleção *Os mestres do pensamento* e para o livro *Poesias reunidas*, de Oswald de Andrade. Também expôs o seu trabalho pelo Brasil e pela América do Sul.

ESTRATOSFERA, 1947,
óleo sobre tela, 65 x 49 cm.
Coleção particular.

No final da década de 1940, Sérgio Milliet, então diretor do Museu de Arte Moderna de São Paulo, convidou Tarsila para uma retrospectiva. Nos anos 1950, a artista retomou o tema "pau-brasil" e participou da I Bienal de São Paulo.

Em 1954, foi convidada para fazer um painel histórico na comemoração do IV centenário da cidade de São Paulo.

Detalhe de **CARNAVAL EM MADUREIRA**, 1924.

Tarsila em sua casa, na rua Caiubí, em São Paulo, 1950.

PAINEL SÃO PAULO ANTIGO (PROCISSÃO DO SANTÍSSIMO), 1954, guache sobre tela, 50,8 x 141 cm. Acervo Artístico-Cultural dos Palácios do Governo do Estado de São Paulo.

BATIZADO DE MACUNAÍMA, 1956, óleo sobre tela, 132 x 250 cm. Coleção particular.

Ainda na década de 1950, a Editora Martins presta uma homenagem a Mário de Andrade e convida Tarsila para fazer um painel, *Batizado de Macunaíma*, no Pavilhão da História do Parque do Ibirapuera. Um maior reconhecimento veio na década de 1960, com uma sala especial na VII Bienal de São Paulo e, no ano seguinte, com a participação igualmente especial na XXXII Bienal de Veneza, na Itália, e com uma grande retrospectiva da artista em São Paulo e no Rio de Janeiro, organizada por sua biógrafa Aracy Amaral.

Tarsila faleceu em 17 de janeiro de 1973, e seus últimos trabalhos fecham um ciclo da arte brasileira, refletindo a magia e o encanto de um país, mesclado com sua personalidade humanística.

Tarsila deixou o Brasil vivo, colorido, onde crianças, jovens e adultos enchem os olhos com seus tons de rosa, azuis, verdes e amarelos.

Tarsila do Amaral em 1971.

Glossário

Antropofagia – Tendência literária instaurada no Modernismo paulista em 1928. O Movimento Antropofágico foi o desenvolvimento das ideias defendidas por Oswald de Andrade no *Manifesto da Poesia Pau-Brasil*, de 1924. O grupo antropofágico reuniu-se em torno da *Revista de Antropofagia*. O *Manifesto Antropófago* tinha Oswald de Andrade como principal teórico do movimento.

Cubismo – Influente estilo de arte moderna criado por Pablo Picasso e Georges Braque, entre 1907 e 1914. O Cubismo tem duas fases. Até 1912, no período analítico, as pinturas revolucionaram o espaço e a perspectiva, mostrando um mesmo objeto sob vários pontos de vista simultaneamente; após 1912, no período conhecido como sintético, os cubistas passaram também a realizar colagens, anexando objetos às telas, e deram ênfase à cor, à textura e à construção. O movimento recebeu influência da arte africana e é um marco para todos os movimentos posteriores.

Missão Artística Francesa – Grupo de pintores e arquitetos que o rei português, Dom João, fez vir da França, em 1816, com o objetivo de desenvolver atividades artísticas no Brasil e fundar uma Academia de Belas Artes. A Missão Artística Francesa foi chefiada por Joachim Lebreton e composta, entre outros, pelos pintores Jean-Baptiste Debret e Nicolas-Antoine Taunay, o escultor Auguste Taunay e o arquiteto Grandjean de Montigny. Sua principal realização foi introduzir os ideais neoclássicos e acadêmicos no Brasil, pregando uma arte baseada nos ideais da Antiguidade grega e do Renascimento, de equilíbrio e harmonia.

Pau-Brasil – Uma das principais tendências estéticas do Modernismo brasileiro, o movimento teve início com a publicação do *Manifesto Pau-Brasil*, de Oswald de Andrade, em 1922, que propunha uma reflexão crítica da realidade nacional. Teve repercussão, principalmente, na pintura de Tarsila do Amaral e na poesia de Raul Bopp.

Referências bibliográficas

AMARAL, Aracy A. **Tarsila**: sua obra e seu tempo. 3. ed. São Paulo: Editora 34; Edusp, 2003.

AMARAL, Tarsila do. **Tarsila por Tarsila**. São Paulo: Celebris, 2004.

ARRUDA, José Jobson de A. **História moderna e contemporânea**. 21. ed. São Paulo: Ática, 1988.

BARBOSA, Ana Mae. **A imagem no ensino da arte**. São Paulo: Perspectiva, 1991.

BATISTA, Marta Rossetti; LIMA, Yone Soares de. **Coleção Mário de Andrade**: artes plásticas. 2. ed. São Paulo: IEB, 1998.

CAVALCANTI, Carlos. **Como entender a pintura moderna**. 5. ed. São Paulo: Editora Rio, 1981.

CEREJA, William Roberto; MAGALHÃES, Thereza Cochar. **Português**: linguagens. 2. ed. rev. e ampliada. São Paulo: Atual, 1995. v. 2.

CHILVERS, Ian. **Dicionário Oxford de Arte**. São Paulo: Martins Fontes, 2007.

Coleção **Gênios da pintura**. São Paulo: Abril, 1974. v. IV.

DEL PRIORE, Mary; VENÂNCIO, Renato P. **O livro de ouro da História do Brasil**. Rio de Janeiro: Ediouro, 2001.

FARACO, Carlos Emílio; MOURA, Francisco Marto. **Língua e literatura**. 15. ed. São Paulo: Ática, 1995. v. III.

FERREIRA, Aurélio Buarque de Holanda. **Dicionário Aurélio da Língua Portuguesa**. São Paulo: Nova Fronteira, 1985.

GOMBRICH, E. H. **A história da arte**. Rio de Janeiro: Guanabara, 1993.

GOTLIB, Nádia Battella. **Tarsila do Amaral, a modernista**. 3. ed. São Paulo: Senac, 2003.

HELENA, Lúcia. **Movimentos da vanguarda europeia**. São Paulo: Scipione, 1993.

Acervo da autora

Angela Braga-Torres

Paulista, nascida em 25 de dezembro de 1962, Angela Curtopassi Braga Torres, mais conhecida como Angela Braga-Torres, cresceu no bairro da Vila Romana, na Lapa, na cidade de São Paulo. Durante sua infância e adolescência, Angela foi uma leitora dedicada e grande apreciadora de música (seu nome foi dado por sua mãe em homenagem à cantora Ângela Maria).

O contato com a arte também se deu por outros campos: ao longo de sua vida, Angela frequentou intensamente os cinemas e teatros da capital paulistana. Ainda jovem, aprendeu a bordar e realizou cursos de História da Arte e Design de Interiores. Cursou a Faculdade de Artes Plásticas na FAAM e fez especialização em Arte Educação na ECA/USP. Começou a dar aulas de Arte em 1986 e, em 1996, passou a prestar consultoria em Arte para a editora Moderna.

É professora de Sala de Leitura, além de atender e orientar os alunos e capacitar professores da rede estadual de ensino. Entre as obras que publicou no campo da Arte, destaca-se *Anita Malfatti* (Moderna, 2002).

Conheça outros títulos da coleção Contando a Arte

Contando a Arte de Romero Britto

A arte de Romero Britto é um descanso para os olhos e um sopro de vida para o coração. Suas cores vibrantes e justapostas, encaixadas como mosaicos, e seu desenho solto, assim como áreas demarcadas com espessos e bem definidos contornos, transmitem alegria.

Este livro mostra como a vida e a obra do artista pernambucano oferecem uma trajetória rumo ao desejo de ver um mundo melhor, marcado pelas cores vibrantes e pela vida em paz e harmonia de que o mundo contemporâneo, sisudo e imerso em mil e uma dificuldades, tanto precisa.

Contando a Arte de Di Caribé

A trajetória do artista plástico Di Caribé é marcada pela dedicação. Nascido na Bahia, migrou para São Paulo ainda criança, quando suas habilidades no desenho já começaram a chamar atenção. Mas foi apenas aos 54 anos de idade que ele retomaria com vigor a arte, adotando uma técnica em que foi mestre: a pintura com os dedos.

Dono de uma obra com grande amplitude temática, Di Caribé pintou, além de quadros com molduras tradicionais, chapas de eucatex, azulejos e outras superfícies. Conseguiu, com seus dedos, efeitos próximos aos da arte acadêmica, mostrando que o talento, unido à perseverança, abre numerosos caminhos.

Impressão e Acabamento:
EXPRESSÃO & ARTE
EDITORA E GRÁFICA
www.graficaexpressaoearte.com.br